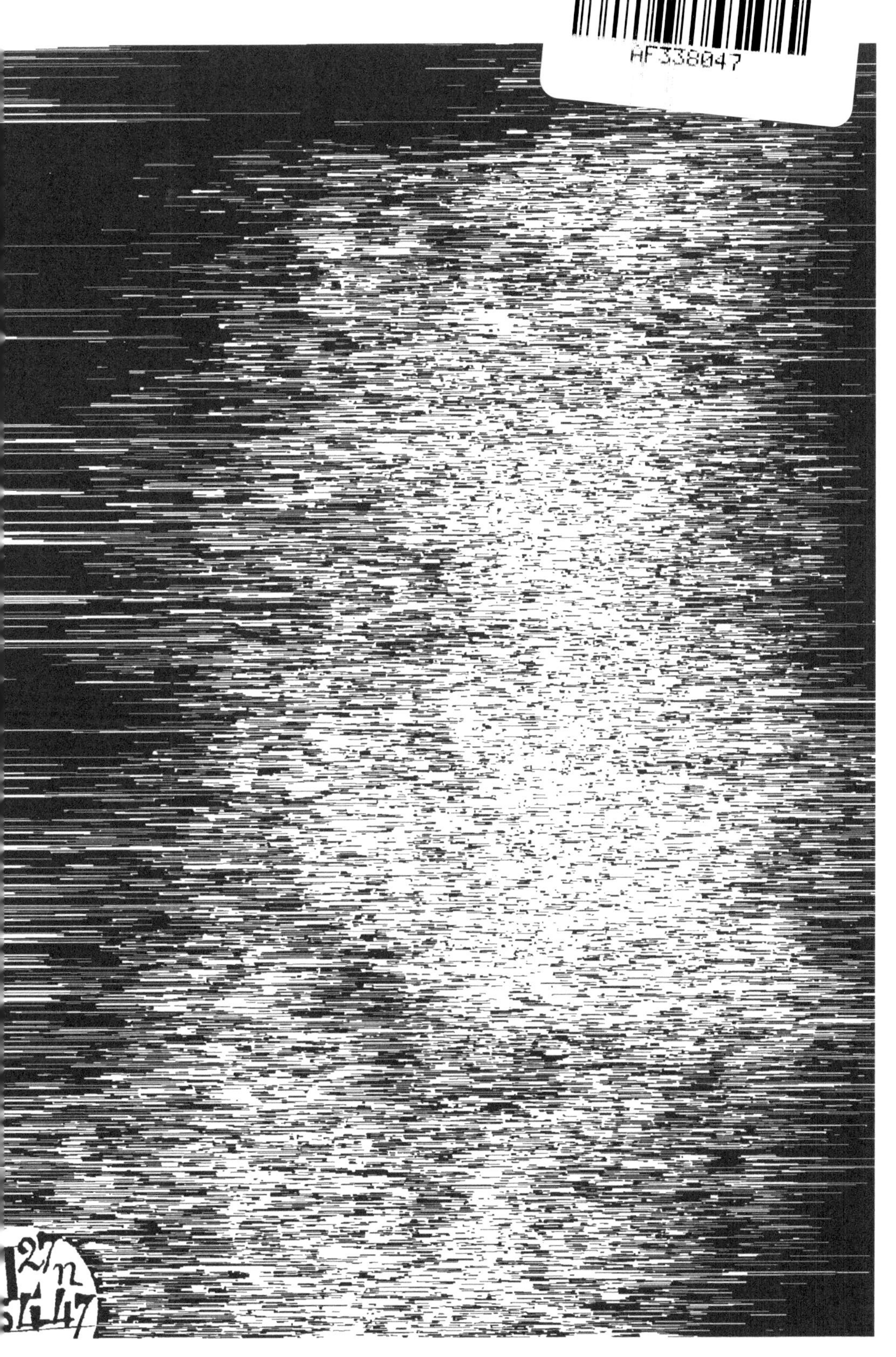

MONSIEUR

LE

PROCUREUR GÉNÉRAL DELANGLE

MONSIEUR

LE

PROCUREUR GÉNÉRAL

DELANGLE

Par H. ÉLOY

Docteur en Droit, Substitut du Procureur Impérial
à Lyon

« Le citoyen qui aime son pays, ne s'appartient pas... »
(M. Delangle, 20 novembre 1865.)

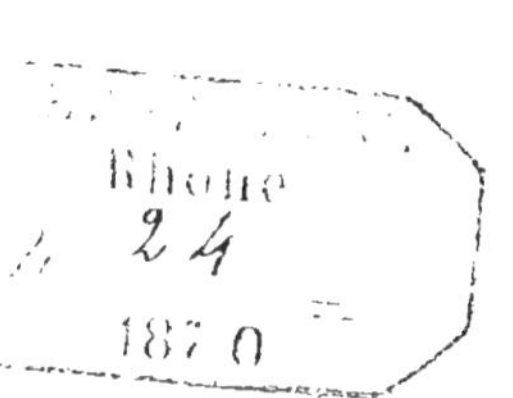

LYON

IMPRIMERIE DU SALUT PUBLIC

BELLON, RUE IMPÉRIALE, 33

—

M DCCC LXX

MONSIEUR

LE

PROCUREUR GÉNÉRAL

DELANGLE

L A mort vient d'enlever à l'Empereur un de ses serviteurs les plus dévoués, à la France un de ses magistrats les plus éminents.

M. le procureur général DELANGLE est décédé à Paris, le 26 décembre 1869.

Pendant plusieurs mois il s'était vainement roidi contre les attaques réitérées d'un mal terrible. Cette grande intelligence protestait par une admirable énergie contre les défaillances de la vieillesse, et cachait le dépérissement des forces physiques sous le masque impénétrable du plus ferme stoïcisme. Il put dire — de manière à tromper les plus perspicaces — que la douleur n'est qu'un nom, tant qu'il n'eut à s'occuper que de lui-même et à se défendre contre les appréhensions sympathiques de sa famille et de ses amis. Mais le cœur, hélas! — et c'est par là que nous sommes vraiment hommes, — le cœur est impuissant à se soustraire à l'influence de ces sentiments intimes, qui suffiraient à prouver l'essence divine de notre nature et déjouent si facilement tous les froids raisonnements de l'esprit. C'est bien Pascal qui écrivit un jour : « Il faut tâcher de ne s'affliger de rien, et de prendre tout ce qui arrive pour le meilleur » (*Pensées*, 2ᵉ p., art. xvii, 26.); ce qui ne l'empêcha pas ensuite de trouver que « le cœur a ses raisons, que la raison ne connaît pas, » et de dire, dans sa modestie, qu'il aurait pu être heureux s'il avait eu « le cœur aussi pauvre que l'esprit. » (*Ib.*, v, 82.)

Les plus grandes souffrances de M. Delangle ne lui vinrent pas de la maladie qui le minait.

A l'époque où le pays tout entier attendait le choix qu'allait faire l'Empereur pour le remplacement au Sénat de M. le président Troplong; quand les divers organes de l'opinion paraissaient suivre avec une attention inquiète la prétendue lutte engagée entre M. Rouher et M. Delangle, — lutte dont plusieurs eurent l'habileté d'imaginer tous les détails; — dans une chambre de la rue Abatucci, au second étage d'un hôtel où tout semblait propice aux joies du monde et de la famille, près du berceau d'un enfant dont la naissance avait inondé son âme de bonheur, et qui se débattait contre les étreintes de la maladie, le procureur général Delangle était assis, oubliant ses propres souffrances, attachant ses yeux remplis de larmes sur les regards éteints de sa petite fille....... Il resta là de longs jours. L'enfant mourut.

Jamais, depuis la perte de son fils (1), chagrin aussi cruel n'avait frappé M. Delangle. Mais ce n'est pas de ces déceptions que le public s'occupe.....

Ceux qui — il y a six mois à peine — approchèrent le procureur général, seront douloureusement affectés de ce deuil nouveau de la magistrature. M. Delangle jouissait alors d'une santé robuste; la jeunesse de son esprit, la verdeur de son intelligence, enlevaient toute inquiétude au sujet des accidents morbides qui, de temps à autre, l'arrêtaient dans son étonnante activité. Il venait d'atteindre sa 72ᵉ année, et quand les magistrats de la Cour suprême voyaient sur son siége illustre le successeur du procureur général Dupin, ils ne doutaient pas que le sort n'eût pour lui les mêmes égards, que la mort ne lui montrât la même longanimité.

Mais ses souffrances s'étaient réveillées plus fréquentes et plus vives après la perte de sa petite

---

(1) Le fils unique de M. Delangle est mort à 17 ans, le 25 octobre 1847. L'enfant dont nous parlons était la fille de M. Gaudin, député au Corps législatif, gendre de M. Delangle.

fille. Quelques beaux jours encore au début de l'automne....., quelques éclaircies....., puis il succomba.

Le procureur général Delangle était un vaillant plébéien, que l'étude et la persévérance avaient formé, les obstacles grandi, les honneurs civiques annobli. Il ne dut aucun de ses succès à la naissance, à la fortune, ni à la faveur qui, quelquefois encore, dans notre vieille France monarchique, en est le facile apanage ; son nom, devenu célèbre depuis un tiers de siècle, c'est lui qui l'a fait ; la fortune ne lui a souri que parce qu'il l'a violentée par son énergie et conquise par d'incessants labeurs. Larochefoucauld a dit : « Il faut de plus grandes vertus pour soutenir la bonne fortune que la mauvaise. » (*Réflexions,* xxv.) M. Delangle fut digne de la célébrité qu'il avait acquise. Parti du degré le plus modeste de l'échelle sociale, il s'est élevé jusqu'au sommet, plus fort que le vertige, fier sans énivrement, rappelant avec orgueil son point de départ pour rendre justice à la puissance du travail et au grand principe de l'égalité, et pour tendre sa main bienveillante et sympathique à ceux qu'il voyait disposés à tenter la même épreuve. Il ne manquera pas de voix pour en témoigner et pour redire les charmes de ce patronage ; déjà les plus autorisées se sont fait entendre devant une foule immense, accourue pour donner le dernier adieu à cette glorieuse dépouille que la Religion accompagnait au seuil de l'éternel repos, après avoir — pourquoi nous oblige-t-on à l'affirmer? — éclairé les derniers jours du chrétien des plus douces et des plus consolantes lueurs de la foi et de l'espérance.

Dans quelques jours la Cour suprême écoutera l'éloge solennel de son procureur général. L'histoire aura déjà commencé pour sa mémoire; avant qu'elle s'empare de lui, essayons de fixer, dans quelques lignes respectueuses, les traits principaux de son existence.

Claude-Alphonse Delangle naquit, le 6 avril 1797, à Varzy, dans ce Nivernais plantureux et sain, berceau des Lamoignon, des Bussy-Rabutin, des Vauban; d'où sont également sortis Destutt de Tracy, l'auteur de la *Gaule poétique* Marchangy, Lepelletier d'Aulnay, les trois Dupin. Son père était un modeste entrepreneur de maçonnerie qui, à force de sacrifices, parvint à lui faire suivre les colléges de Varzy et de Bourges, où il resta jusqu'en 1813. Il demanda alors à l'enseignement les ressources si faibles et si honorables qu'il donne à ses adeptes, et fut successivement professeur de seconde dans l'Indre, maître d'étude et professeur d'une classe élémentaire à Paris, enfin inspecteur à Sainte-

Barbe. Il avait été, au collège de Varzy, le condisciple de Philippe Dupin ; il retrouva ce dernier à Paris en 1816, avec Dupin *aîné*, son frère, dont la célébrité commençait. Jusqu'à la fin de sa vie, Dupin aîné, qu'il proclama toujours son maître et son guide, resta son ami, et plus de quarante ans plus tard, devant la Cour suprême où il venait occuper son siège de procureur général, M. Delangle témoignait hautement de sa gratitude envers le magistrat qui avait auguré de son avenir. Sur le conseil des deux éminents jurisconsultes, il étudie le droit, tout en continuant l'enseignement, se fait inscrire au barreau de Paris, et, comme tant d'autres si justement appréciés, Mourlon, Émile Ollivier, etc., l'ont fait depuis, donne aux étudiants des répétitions dont l'honorable rémunération lui fait prendre patience contre les difficultés inévitables des débuts. Il défend Castille dans l'affaire des quatre sergents de La Rochelle, et son talent se dévoile au point que l'avocat général de Marchangy lui adresse les félicitations écrites les plus flatteuses.

Il devint l'hôte assidu des Dupin, et déploya, dans les premières affaires qui lui furent confiées, de telles qualités d'homme pratique servi par une brillante élocution, que son cabinet prit rapidement une grande importance, et que, dès 1831, ses confrères le nommaient membre du conseil de l'Ordre, pour le choisir bientôt comme bâtonnier, de 1836 à 1838. Les anciens du palais rappellent en-

core au jeune barreau l'éclatant succès qu'il obtint en 1833 dans sa plaidoirie pour le comte de Perregaux, pair de France, contre la Banque de France et M. Laffitte.

Depuis 1830 les divers gouvernements ont souvent demandé au barreau ses maîtres les plus autorisés, pour leur donner le premier rang dans la magistrature du pays. C'est ainsi que, sous la monarchie de juillet, MM. Mérilhou, Barthe, Persil, Sauzet, Teste, Vivien, Martin (du Nord) et Hébert; pendant la République, MM. Crémieux, Bethmont, Marie, Odilon-Barrot, Rouher et Daviel; sous l'Empire enfin, MM. Delangle, Baroche et Duvergier, ont reçu les sceaux du Chef de l'Etat. Il semble donc naturel que pour les autres postes le barreau fournisse son contingent d'esprits solides, rompus aux affaires, d'un talent reconnu, auxquels la magistrature tend la main avec cordialité, disposée à consacrer, par son témoignage, l'estime dont l'opinion publique les a entourés.

M. Delangle se plaisait à rappeler « le jour heureux entre tous où il vint prendre au parquet de la Cour de cassation le siége d'avocat général. » (*Disc. d'install.* du 20 nov. 1865.) Le ministre de la justice, M. Vivien, lui fit confier ce poste le 5 août 1840. La même année, il entrait dans la vie politique comme député de Cosne (Nièvre), et conserva son mandat jusqu'à la révolution de 1848. Son rôle, au milieu des conservateurs, fut très-modeste. Les travaux de la magistrature avaient pour lui un attrait plus vif. Son *Commentaire sur les Sociétés commerciales,* publié en 1843, l'avait hautement signalé comme jurisconsulte et comme écrivain ; les principes qu'il y avait exposés sur le droit, les avantages, la puissance de l'association, le désignaient comme un économiste sagace, dont le Sénat devait plus tard apprécier la science exacte et pratique. Divers articles de droit insérés dans la *Gazette des Tribunaux,* une monographie sur *la Cour de cassation,* avaient contribué à augmenter la notoriété de son nom. Le sentiment unanime du barreau et de la magistrature l'appelait donc au poste de procureur général près la Cour de Paris, qu'une ordonnance royale du 22 mars 1847 lui donna, en remplacement de M. Hébert. C'est en cette qualité qu'assisté de M. l'avocat général Glandaz, il dirigea l'instruction ouverte contre l'ancien ministre Teste et contre Despans-Cubières, Parmentier et Pellapra, gravement compromis dans la concession des mines de sel gemme de Gouhenans. Cette information fut conduite avec une probité judiciaire à laquelle la la presse hostile au gouvernement ne put se dispenser de rendre hommage. M. Delangle présenta son réquisitoire, le 7 mai, à la Cour des pairs réunie sous la présidence de M. le chancelier Pasquier. Le bruit de cette grave affaire fut bientôt étouffé sous l'immense clameur que souleva dans l'Europe entière l'assassinat de la duchesse de Praslin, dans la nuit du 17 au 18 août. Une ordonnance du 19 août convoqua la Cour des pairs pour procéder à l'instruction et nomma M. Delangle procureur général près cette Cour, en lui donnant l'assistance de M. Bresson, avocat général. On sait comment l'instruction fut close, le 24 août, par le suicide du coupable. Le procureur du roi, M. Félix Boucly, dressa son procès-verbal, ayant le cadavre sous les yeux, et la justice fut désarmée.

Quelques mois après, la République était proclamée, et l'un de ses premiers actes d'omnipotence était la révocation du procureur général Delangle. Le décret est du 25 février 1848 ; il est au *Moniteur* et signé de M. Crémieux, ministre de la justice.

M. Delangle redemanda immédiatement sa place au généreux foyer où reviennent toujours s'asseoir avec honneur les grands vaincus de la politique, et y retrouva intacte la réputation de probité et de savoir qu'il y avait laissée. Il reprit sa robe d'avocat et fut nommé, quelque temps après, président du Bureau d'assistance judiciaire de la Cour de cassation. Vers la même époque, en 1851, le Président de la République, dont il avait adopté la politique, l'appela à la Commission départementale et municipale du département de la Seine et de la ville de Paris, dont il devint le président, puis à la Commission consultative, définitivement constituée par le décret du 13 décembre 1851, où

14

il entra, deux jours après, dans la section d'administration, présidée par M. Baroche.

Le Conseil d'Etat ayant été rétabli par la Constitution du 14 janvier 1852 et réorganisé par le décret du 25 janvier suivant, M. Delangle fut nommé président de la section de l'intérieur, de l'instruction publique et des cultes. Puis, par décision du 4 novembre 1852, il fut désigné, avec MM. Baroche et Rouher, pour représenter le Gouvernement dans la délibération à laquelle donnait lieu le sénatus-consulte relatif au rétablissement de l'Empire.

Après avoir remplacé M. Dupin comme procureur général à la Cour de cassation, il fut nommé premier président de la Cour impériale de Paris le 30 décembre 1852, sénateur le lendemain, et réélu président de la Commission municipale de la ville de Paris. On sait quel éclat eut sa direction de la Cour impériale de Paris, quel zèle il déploya dans l'expédition des affaires, quelle sagacité il montra dans des questions infiniment délicates, et quels rapports pleins d'aménité et de courtoisie il eut avec la magistrature et avec le barreau.

M. Delangle avait soixante ans. Cet âge qui, chez les hommes voués aux fonctions publiques, entraîne le plus fréquemment le désir, le besoin du calme et de la tranquillité, fut celui où il dut déployer la plus grande activité. Le général Espinasse venait de quitter, en 1858, le ministère de l'intérieur, où le Chef de l'Etat avait cru devoir l'appeler à la suite d'un horrible forfait. M. Delangle lui succéda, et bien qu'il n'ait occupé ce ministère que pendant onze mois, il sut imprimer au service une vigueur, inspirer aux fonctionnaires administratifs une exactitude que personne n'a oubliées. Sa fermeté et son énergie n'ont point été dépassées, et c'est avec orgueil qu'il s'en félicitait devant la Cour de cassation en 1865. Il eut ensuite les sceaux et les conserva du 5 mai 1859 au 22 juin 1863, montrant les mêmes qualités dans des circulaires nombreuses, qui prouvaient son respect de la loi, comme l'immense souci qu'il avait de la dignité de la magistrature. La révision du Code pénal et la loi sur les flagrants délits marquèrent la dernière année de son ministère. Quatre mois après, le 18 octobre, et plusieurs fois depuis cette époque, il fut nommé vice-président du Sénat et prit fréquemment la parole au sein de ce grand corps, soit au sujet de pétitions relatives à des matières économiques, soit sur des questions importantes, notamment pour demander un nouvel examen de la loi sur la contrainte par corps, à laquelle il s'était opposé pour de graves motifs d'intérêt public et commercial qu'il présenta au Sénat dans un discours remarquable à tous les égards (séance du 16 juillet 1867).

M. Delangle était grand'croix de la Légion-d'Honneur, membre du Conseil impérial de l'Instruction publique, et, depuis le 5 mars 1859, membre de l'Académie des sciences morales et politiques.

Un décret du 14 novembre 1865 le rappela au poste de procureur général à la Cour de cassation, qu'il avait occupé quatorze ans auparavant. Ce fut avec une véritable joie, avec fierté même, qu'il revint s'asseoir dans ce fauteuil où, à deux reprises, il avait été jugé digne de remplacer M. Dupin. Son installation à la Cour de cassation eut lieu le 20 novembre. M. le président Troplong, après avoir retracé à grands traits la vie de M. Dupin, qui avait été le maître, l'ami, le protecteur de M. Delangle, fit entendre, en s'adressant au procureur général, ces paroles, qui, à n'en pas douter, exprimaient le sentiment de toute la Cour :

« Après M. Dupin, la Cour ne pouvait avoir que
« vous pour procureur général, et elle espérait
« dans l'Empereur. Vous étiez désigné par votre
« science, par vos éminents services, et par l'ami-
« tié et l'estime qu'avait pour vous le magistrat
« que nous avons perdu. Vous aviez d'ailleurs
« occupé ce siége avant d'arriver au ministère, et
« vous vous y étiez placé en maître. L'Empereur
« s'en est souvenu ; il a pensé qu'en passant des
« mains de M. Dupin dans les vôtres, le flambeau
« de la science ne s'éclipserait pas, et il vous a
« rendu à des fonctions qui conviennent si bien à
« votre talent et à vos longues habitudes judi-

« ciaires… Il n'y a pas de mission civile plus grande
« et plus sainte, et elle peut encore honorer la vie
« d'un consulaire. »

M. Delangle répondit que mériter de tels éloges
serait l'honneur de sa vie. Il rentrait d'un pas sûr
dans la carrière qui lui était rouverte et sentait
son courage grandir au niveau de sa tâche. Après
des vicissitudes mêlées de bons et de mauvais jours,
la volonté du Souverain le rappelait au berceau de
sa vie judiciaire. Il venait achever sa carrière au
sein d'une Compagnie qui en avait suivi et encou-
ragé les commencements; il venait, sans regrets,
sans présomption, heureux du présent, sans préoccupation du passé, reprendre la trame interrompue
de leurs travaux communs…; il revenait, ouvrier
fidèle et expérimenté, apporter une pierre au mo-
nument que le labeur persévérant de la Cour
suprême érige à la science du droit.

Rappelant l'époque, heureuse entre toutes, où
vingt-cinq auparavant, il avait pris au parquet de
la Cour de cassation le siége d'avocat général, et
les sentiments qui avaient toujours guidé le membre du ministère public : « c'était mon vœu, dit-il,
« que cette situation durât toujours ; mon ambi-
« tion n'allait pas au-delà. Mais qui peut, dans les
« temps agités, rester maître de sa destinée? En
« tous temps et en tous lieux, les honnêtes gens
« ont pris pour devise : que le citoyen qui aime
« son pays ne s'appartient pas, et qu'il lui est

« interdit, quand approche l'orage, de décliner les
« appels faits à son dévouement. A cette règle j'ai
« enchaîné ma vie ; et c'est ainsi que, sacrifiant
« les convenances de mon esprit, mes attache-
« ments, mon repos, — c'était la moindre chose,
« — aux nécessités du bien public, j'ai deux fois
« abandonné des fonctions auxquelles je devais, ce
« qui ne manque jamais aux travaux utiles et
« consciencieux, la considération, la confiance des
« magistrats, la sympathie du barreau, le charme
« des amitiés formées au sein de la Cour, chères
« et saintes amitiés, dont ni le temps, ni l'absence,
« ni la diversité des opinions politiques, — cet
« écueil des meilleurs sentiments, — n'ont point
« altéré la douceur. »

Plusieurs fois il prit la parole à la Cour suprème, et chacun a gardé le souvenir de son magnifique réquisitoire sur la demande en révision du procès Lesurques.

Ce fut son dernier triomphe.

On le voit, aucun honneur n'a manqué à M. Delangle. Le barreau, la magistrature, l'administration, l'ont vu à la tête de leurs postes les plus élevés. On peut affirmer que son intelligence et sa capacité n'ont jamais été au-dessous des diverses positions qu'il a occupées.

J'ai indiqué ce qu'avait été le magistrat; il n'est pas, à mon avis, d'éloge plus complet à formuler de sa haute valeur, que de constater, avec tous les hommes compétents, que, soit comme Garde des sceaux, soit comme premier président, soit comme procureur général, il n'a point vu sa situation amoindrie par le prestige de ceux qui l'avaient précédé sur le siége où l'appelait la confiance intelligente du Souverain. Si l'on admet que le barreau et la magistrature soient en cette matière des juges autorisés, j'accepte sans appel leur appréciation : le premier redira les mérites de son ancien bâtonnier; la magistrature, déjà si éprouvée, en quelques années, par la mort de M. Dupin, de M. Troplong et de tant d'autres membres éminents de la grande famille judiciaire; la magistrature qui, pour répondre aux attaques journalières dont elle se voit assaillie dans son origine, dans son institution, dans ses mœurs publiques, a besoin de se réconforter — laissant aux désintéressés au débat le soin de la défendre, — dans la mémoire des chefs qui ont eu la charge de ses destinées et de sa dignité professionnelle; la magistrature française qui, — reconnaissons-le, — a bien aussi quelque souci de la véritable grandeur et de la probité judiciaires, placera le procureur général Delangle au rang des maîtres qui, après avoir illustré leur Compagnie, méritent ses regrets à l'heure du suprême départ et peuvent attendre du temps la consécration de leur renommée. « Tous ceux qui goûtent les fruits précieux de la justice, dirons-nous avec d'Aguesseau, lui donneront, par leurs regrets, la plus douce et la plus sensible de toutes les louanges. »

Relisons souvent, nous, les magistrats à la vie humble, laborieuse, sévère et probe, le discours du procureur général Delangle devant la Cour suprême en 1865, et nous serons amplement consolés, par son témoignage même, de l'injustice des attaques dirigées contre la magistrature et de l'exagération des critiques formulées contre son institution. Pour quiconque a connu et apprécié l'indépendance du caractère de M. Delangle, son opinion est assez précieuse pour qu'il y ait lieu de s'y arrêter et de n'accueillir qu'avec une extrême réserve l'expression au moins téméraire de sentiments qui ne résultent pas de l'examen impartial des faits.

Comme homme politique, — député, administrateur, membre du Sénat, ministre de l'intérieur, — M. Delangle s'est toujours montré — publiquement, aussi bien que dans les entretiens particuliers où il déployait les merveilleuses facultés de son intelligence, — *autoritaire.*

Je m'explique, et — qu'on veuille bien le remarquer — je me borne à constater, me sentant fort peu disposé à sacrifier — contre les inspirations de ma conscience et les notions de justice qui me paraissent supérieures à toute considération, — à cette fièvre de libéralisme qui a envahi les plus timorés, et qui n'est pas plus le patriotisme que la pléthore n'est la santé ; estimant, du reste, qu'un fonctionnaire, dont la vie est ouverte au regard de tous, indique suffisamment par ses actes, mieux que par des théories spéculatives, les principes de liberté qui le dirigent ; cherchant, enfin, à mesure que j'avance dans la vie, à juger les hommes suivant le milieu politique et social dans lequel ils ont vécu, et me préservant de faire de mes propres sentiments le critère de leur conduite.

Donc, et je le répète, M. Delangle était *autoritaire*.

Un des premiers il s'était rallié — on serait même plus dans la vérité en constatant qu'il s'était donné depuis 1848 — au régime inauguré le 2 décembre 1851. On ne l'aperçut pas, quinze ou dix-huit ans plus tard, parmi ceux que semblait avoir — je ne dirai pas touchés et émus le souffle de la liberté ; qui de nous, en effet, n'a tressailli aux accents de la sublime déesse et retrouvé, dans les derniers actes de l'Empereur, comme un écho de la grande voix de la Patrie rendue à elle-même ! — parmi ceux que la liberté avait surexcités, rénovés, et qu'on vit soudainement se réveiller comme d'un long rève, transformés, secouant, au vent nouveau, leurs opinions de la veille et se dégageant de leur importunité avec une telle aisance, que, du jour au lendemain, ils étaient devenus les hommes à la mode.

Non.

Ceux-ci sont les habiles.

Et M. Delangle était sincère.

Partisan dévoué de l'ordre, sans lequel l'exercice des droits politiques ne lui paraissait pas plus possible que l'administration de la justice; adversaire décidé des troubles de la rue qui divisent les citoyens et jettent la perturbation dans les intérêts; convaincu qu'un nouvel essor donné aux libertés ne se réaliserait qu'au détriment de la sécurité publique; persuadé enfin — pour l'honneur de notre France démocratique, il se trompait! — que le commerce, l'industrie, les forces économiques du pays n'avaient qu'à perdre à la répudiation du système qui avait donné à la France près de vingt années de tranquillité, il assistait, avec quelque tristesse, mais sans que ses déceptions se trahissent en termes amers, au réveil de l'esprit libéral, aux satisfactions qui lui étaient successivement données, et suivait avec une inquiète curiosité la marche du Gouvernement sur ce chemin de Damas au terme duquel l'Empereur, avec les meilleurs esprits, voyait apparaître le salut de la dynastie et le maintien de l'ordre, mais qui lui semblait à lui-même trop parsemé d'écueils pour qu'il n'y eût pas témérité et péril à s'aventurer jusqu'au bout!

Le bon sens des masses, leur maturité, leur sagesse, le firent revenir, à plusieurs reprises, de ses appréhensions, mais sans les effacer complètement; et quand, dans sa loyauté incontestée, il reconnut l'utilité de quelques mesures libérales, il n'en persista pas moins à demander qu'un nouveau pas ne fût point fait dans le progrès sans que le maintien de l'ordre ne devînt plus solidement garanti.

M. Delangle obéissait donc à certaines idées de pondération qu'on retrouverait — pour peu qu'on voulût bien se reporter aux meilleures années de la Restauration et de la monarchie de juillet, — dans la ligne politique suivie par MM. de Richelieu, de Serre, de Martignac, Molé, etc.

Il voulait donc le pouvoir fort, et se refusait à ce que son prestige s'effaçât devant celui de la liberté. Il faut croire que c'est sous l'influence de ces idées qu'il eût abordé la discussion du sénatus-consulte du 10 septembre 1869, et formulé son rapport sur cette grande mesure libérale, si la maladie et d'immenses chagrins de famille ne l'eussent tenu éloigné de la scène politique.

Comme magistrat, M. Delangle plaçait l'autorité dans le droit; comme homme politique, il ne la séparait pas d'une puissante organisation du pouvoir.

C'est pourquoi j'ai dit qu'il était *autoritaire*.

Il avait assisté, député et magistrat, aux derniers actes du régime parlementaire et à la chute de

Louis-Philippe. Avocat sous la République, il avait étudié dans toutes ses phases la lutte engagée entre les divers partis qui composaient la Chambre, et le pouvoir exécutif; il ne croyait plus que l'ordre fût assuré si la nation ne consentait à livrer ses destinées à une main énergique, à un gouvernement fort et personnel, capable de résister à toutes les attaques, capable de les déjouer, capable de ramener au pouvoir le respect qui échappait à la loi.

Mais — et il y aurait injustice à ne pas l'indiquer, — M. Delangle, s'il craignait les excès de la liberté, n'était pas l'ennemi du progrès. En 1865, dans son discours devant la Cour de cassation, il se faisait une gloire d'avoir suivi l'Empereur dans la voie des idées libérales, et de s'être éclairé au foyer de cet ardent patriotisme qui, du trône, rayonnait sur toute la nation. Au Sénat, à plusieurs reprises et en traitant les questions économiques que livrait à son examen l'exercice du droit de pétition, il sut prouver qu'il avait marché avec son siècle. C'est lui, enfin, qui, en 1867, à propos de la loi sur la contrainte par corps, pour laquelle il demandait une nouvelle délibération, faisait entendre au grand corps dont il était le vice-président, ces belles paroles, qui décèlent suffisamment l'état de son esprit : « La Constitution de 1852 confie expressément au « Sénat la garde des libertés publiques, et spécia- « lement de la liberté individuelle. Ne semble-t-il « pas qu'un projet, dont l'objet est de dégager la

« liberté personnelle des liens de la contrainte par
« corps, doit être dans cette enceinte salué d'une
« approbation unanime? Le sentiment de la liberté,
« même quand il s'exagère, ne peut, dans une as-
« semblée libérale, rencontrer de contradicteurs...»
Il terminait son discours par cet hommage rendu
au Souverain : « C'est une nouveauté singulière en
« France! L'Empereur semble n'avoir voulu être
« plus fort que pour être plus généreux; plus puis-
« sant, que pour nous rendre plus libres. Il cher-
« che dans le dépôt qu'il a reçu de la France ce qu'il
« pourra lui rendre; et plus son pouvoir s'affermit,
« plus il le tempère. Il en est en France de la
« liberté comme de la lumière : elle vient d'en
« haut ! »

N'est-ce pas là le langage de l'homme probe, du
philosophe, du politique sincère, qui s'incline devant
la majesté des faits, et qui rend hautement au pouvoir la justice que nous lui devons tous?

Tel me paraît avoir été M. Delangle.

Je saisis à la hâte, sinon avec une complète
exactitude, du moins avec une entière impartialité
et dans ses traits les plus saillants, une physionomie qui entre dans l'histoire, et que d'autres plus
habiles pourront étudier à loisir, en faisant ressor-

tir les ombres qui doivent lui donner son véritable caractère.

C'est une loi, — oubliée trop souvent, — pour l'écrivain qui recherche les actes et les opinions de l'homme dont il veut retracer la vie, de tenter au moins de les indiquer fidèlement, en se dégageant de toute préoccupation, de tout parti-pris, et en se défendant de toutes considérations personnelles, pour laisser au lecteur le soin d'apprécier sûrement et de conclure avec sincérité. Qu'on me permette à cet égard, d'évoquer un de ces vivaces souvenirs que laisse toujours dans l'esprit la lecture de notre histoire révolutionnaire. Loustalot posait en principe, dans ses *Révolutions de Paris* (n° 14), que « les ministres et les gens en place sont exposés de droit à la calomnie. » — « Il est de l'essence de « la liberté, disait-il, d'écrire tout ce que l'on veut « sur les hommes publics; » il en donnait cette raison que l'inconvénient qu'ils peuvent éprouver de cet usage de la liberté, « est suffisamment compensé *par les jouissances du pouvoir et de la grandeur,* » et qu'en tous cas, la calomnie ne peut nuire qu'aux « fripons ». Admettant l'exactitude de cette conclusion, je n'ai jamais compris en quoi la qualité de l'homme à juger pouvait dispenser le juge de cet esprit de réserve et d'impartialité qui doit présider à toute sérieuse appréciation. J'ai lieu de supposer, en outre, que Loustalot parlait des charmes du pouvoir en homme qui n'en a qu'une idée très-incomplète. Le sentiment de M. Delangle me paraît plus juste : « En me rendant la Cour de cassation, disait-il en 1865, l'Empereur ne se borne pas à tenir « compte des travaux qui ont marqué mon passage « au ministère, du bien que j'ai pu faire, *des en-* « *nuis que j'ai supportés et de ces mille tourments* « *dont la Providence a placé la pointe à côté du* « *pouvoir*, — autant sans doute pour en tempérer « l'ivresse, que pour consoler de sa perte ; — l'Em- « pereur me décerne la plus glorieuse récompense « qui pût terminer ma carrière. » Enfin, pour peu que Loustalot voulût bien y regarder de plus près, il aurait compris que la calomnie, hélas, n'atteint point que les seuls « fripons. » Ce n'est pas, en effet, sans un grand serrement de cœur qu'on juge à quels excès peuvent être entraînés, sous son souffle impur, les esprits les plus aptes à rester justes. Un seul exemple, — et Loustalot le connaissait : Je ne sais pas, dans toute l'histoire de la Révolution, de physionomies plus honnêtes, de caractères plus sévères et plus probes, que les cinq Gardes des sceaux qui ont précédé celui que l'Assemblée Natio- nale avait nommé ministre de la justice après le 10 août, Danton ; je veux parler de Barentin, de Champion de Cicé, de Duport-Dutertre, de Duran- thon et de Joly, choisis par Louis XVI à une époque où il suffisait d'être ministre pour être plus exposé à la haine des partis. Ils furent tous accusés suc- cessivement de lèse-nation ; deux furent exécutés ;

les autres trouvèrent leur salut dans l'exil. Et Loustalot avait été témoin de ces faits !

Quand Duport-Dutertre montait sur l'échafaud, on l'entendit s'écrier : « La Révolution tue les hommes, la postérité les juge. »

La postérité !

Pourquoi donc ne devancerions-nous pas son verdict, en nous dépouillant, dans la critique d'un caractère, fût-ce celui d'un ministre, de ces passions du moment, qui aveuglent notre raison et troublent le sentiment du juste et du vrai que la Providence a mis dans chacun de nous ?

L'homme qui, pour écrire l'histoire contemporaine, ne sait pas refouler au fond de son cœur toutes les considérations d'opinion et de parti, manque à son premier devoir : il n'est pas impartial ; il se prive du mérite d'être juste.

Quant à moi, je revendique ce mérite, et c'est pour qu'on ne me le contestât point, que j'ai simplement indiqué la physionomie que ses actes mêmes paraissent donner à M. Delangle. C'était un homme de progrès ; mais c'était aussi un homme d'autorité. Voilà ce qui me semble ressortir des faits de sa vie entière. Le lecteur peut maintenant l'approuver ou le blâmer.

J'ajoute, cependant, — en m'arrêtant quelques minutes encore au sentiment politique de M. Delangle, — qu'il ne manque pas à notre époque d'esprits distingués, d'un libéralisme éprouvé, aux yeux de qui l'harmonie dans le corps social ne paraît possible qu'aux conditions signalées par le procureur général, et qui, dans leur civisme aussi exempt d'appréhension que d'aspirations extrêmes, ne croient à l'efficacité des concessions libérales, — des conquêtes, si l'on préfère ce mot, — que si le principe d'autorité reste fortement constitué. Ces hommes veulent l'alliance de la liberté et du pouvoir. Sans doute ils ne demandent pas, ils ne peuvent demander que la première soit soumise à l'appréciation, à l'arbitrage isolé et exclusif du second ; sans doute ils proclament que la liberté doit résider dans un droit formulé et garanti, et non dépendre d'une tolérance variant au gré des circonstances et de la situation politiques, et mille fois plus dangereuse que la restriction même ; sans doute, enfin, ils comprennent que le progrès social a plus à attendre de la liberté que de l'autocratie absolue et personnelle ; mais ils savent aussi, — et l'histoire de nos révolutions ne les renseigne et ne les édifie que trop, — ils savent que la sécurité publique, — « ce premier des bienfaits que doivent « aux nations les gouvernements vraiment dignes « de la mission que leur a confiée la Providence » (M. Delangle, Discours du 20 novembre 1865,) — ne peut être sérieusement assurée que si le pouvoir exécutif reste fort, en vertu même des institutions du pays et de la loi, à côté de l'exercice le plus large des libertés constitutionnelles, et si, en face de lui, on ne cherche pas à créer d'autres forces qui énervent l'autorité en la divisant, et la paralysent quand elle a besoin de toute son énergie.

Je crois émettre un sentiment juste et politique en disant que le pouvoir doit être d'autant plus fort que la liberté est plus grande ; j'ajoute, du reste, immédiatement que cette force, comme la liberté même, doit avoir sa base dans la loi, pour être prémunie contre toute tendance à l'arbitraire. Si, dès lors, le respect de la loi arrive à se fixer dans nos mœurs, le pouvoir est appelé à vivre en complète harmonie avec la liberté.

Je crois pouvoir l'affirmer, c'est là le sentiment politique d'une classe nombreuse de notre société française.

Quand donc nous acclimaterons-nous au régime de la liberté sous l'influence duquel tout fructifie dans le monde à côté de nous..., et hormis nous ?

Quand donc comprendrons-nous que, faits pour vivre en société, nous devons avant tout consolider l'harmonie du corps social tout entier, si nous voulons que chacun de ses éléments fonctionne régulièrement ?

Quand donc, enfin, cessera-t-on de dire qu'un siècle a passé, que plusieurs révolutions se sont succédé, sans que nous ayons su profiter des graves enseignements de l'expérience ?

Que dis-je, un siècle ! Ecoutez. Où plutôt reprenons ensemble un simple souvenir historique :

Tacite écrivait après les règnes de Nerva et de Trajan. Quand il eût retracé le tableau des annales de l'Empire, il voulut réserver pour sa vieillesse les règnes de ces deux empereurs, qui avaient donné à leurs concitoyens la rare félicité de penser comme ils voulaient et de parler comme ils pensaient : « *Rara temporum felicitate, ubi sentire quæ velis* « *et quæ sentias dicere licet* » (*Histoires*, I, 1.) — « Enfin, nous respirons! — s'écrie-t-il plus tard, « en abordant la vie de son beau-père Agricola. — « Au commencement de ce siècle fortuné, Nerva « a concilié ce qui jadis était inconciliable, l'em- « pire et la liberté. *Nunc demum redit animus !*... « *primo statim beatissimi sæculi ortu*, *Nerva* « *Cæsar* RES OLIM DISSOCIABILES MISCUIT, PRINCI- « PATUM AC LIBERTATEM. » Puis il nous montre Trajan ajoutant chaque jour à la douceur de l'autorité et donnant aux Romains, trop heureux de pouvoir seulement l'espérer, l'entier accomplissement de leurs espérances.

Il y a de cela dix-sept siècles!... et la pensée de Tacite revit aujourd'hui dans tous les cœurs!

Pourquoi donc ne nous féliciterions-nous pas comme le grand historien de Rome, nous qui avons recouvré le droit de penser comme nous voulons, et de parler comme nous pensons; nous qui, malgré le scepticisme des esprits déçus ou des ambitieux, persistons à croire à l'harmonie du Pouvoir et de la Liberté?

Facilitons cette alliance par notre patriotisme et par l'abnégation ; assurons-la par de solides institutions ; maintenons-la par le civisme et par le respect de la loi. Que les esprits extrêmes cessent donc enfin de soulever un antagonisme dangereux entre le pouvoir et la liberté, et l'on reconnaîtra promptement que si la liberté épure, en les contrôlant publiquement, les éléments de l'autorité, c'est à l'ombre d'un Pouvoir fort et respecté que la féconde et sainte Liberté peut produire tous ses bienfaits.

En dehors de ce principe, il n'y a place que pour les discordes intestines... Et c'est quand le peuple romain s'affaissa sous la lassitude de la guerre civile, qu'Auguste se montra et se fit accepter pour maître (1).

(1) *Cuncta discordiis civilibus fessa, nomine principis sub imperium accepit* (Tacite, *Annales*. I, 1.)

Lyon. — Impr. du Salut Public. — Bellon, r. Impériale, 33.

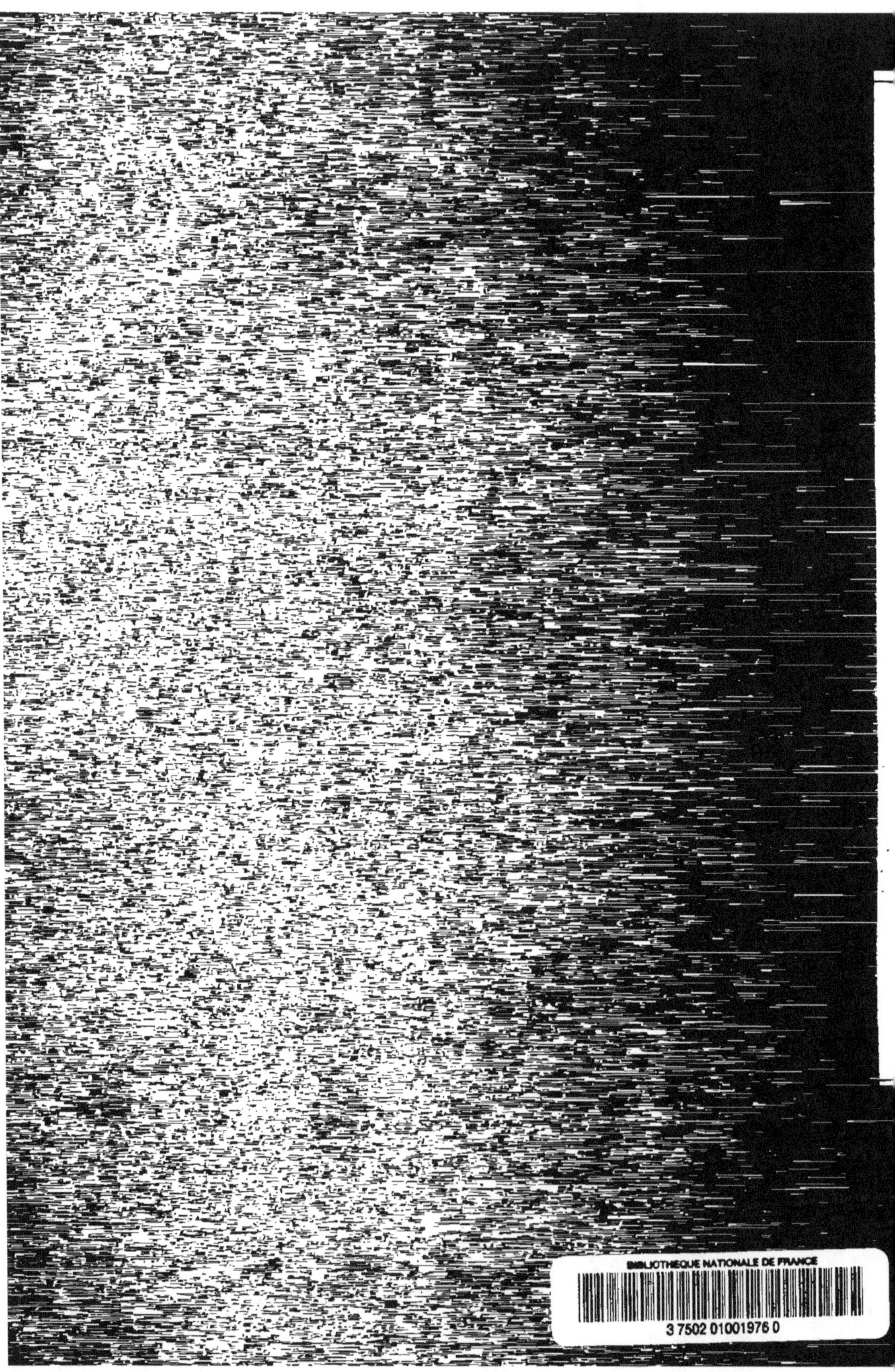